MINIGUÍAS PARRAMÓN

DIBUJO
para pintores

Ⓟ Parramón

Dibujo para pintores

Proyecto y realización de Parramón Paidotribo

Dirección editorial: María Fernanda Canal
Edición: Mari Carmen Ramos y Tomàs Ubach
Textos: Gabriel Martín Roig
Realización de los ejercicios: Gabriel Martín y Óscar Sanchís
Edición y redacción final: Roser Pérez y Tomàs Ubach
Diseño de la colección: Toni Inglès
Fotografías: Estudi Nos & Soto
Maquetación: Estudi Toni Inglès

Primera edición
© 2013 Parramón Paidotribo
Les Guixeres
C/. de la Energía, 19-21
08915 Badalona (España)
Tel: 93 323 33 11 - Fax: 93 453 50 33
http://www.parramon.com
E-mail: parramon@paidotribo.com

Preimpresión: iScriptat
Producción: Sagrafic, S.L.

Derechos exclusivos de edición para todo el mundo
ISBN: 978-84-342-3838-1
Impreso en China

DIBUJO
para pintores

El **sumario**

El dibujo: la base de la pintura

El dibujo constituye los cimientos de la pintura, de la figuración a la abstracción, en cualquiera de las formas que el artista elija para expresarse. Es la base de toda creación plástica y, aplicado a la pintura, tiene una clara intención exploratoria. Su principal función es la observación, la solución de problemas y la composición del tema; el planteamiento lineal inicial termina afianzándose con masas coloreadas. Por lo tanto, la correcta planificación del dibujo es un paso fundamental antes de abordar un trabajo pictórico.

Muchos pintores tienden a dejar de lado el dibujo, por descuido, respeto, o porque creen que la capa de pintura disimulará o corregirá cualquier falta, desproporción o incorrección. Pero eso no es lo que sucede; con frecuencia, la obra finalizada refleja la ausencia de una base de dibujo bien planteada. Así pues, el dibujo preparatorio de un cuadro es un proceso que todo artista debería conocer a fondo, y si es posible, dominar.

La ejecución o finalización del dibujo mediante la inserción o superposición de pigmentos y colores transforma el dibujo inicial en una pintura. Sin embargo, algunas veces, el "pintar" y el "dibujar" tienen una frontera muy difusa. Esto se debe a que los utensilios empleados son los mismos, aunque las operaciones y la intención sean muy distintas. La pintura actual, menos académica y más atrevida, huye de esta concepción tradicional e inmovilista. Las obras son cada vez más híbridas, y el dibujo y la pintura incluso parecen confundirse en una especie de promiscuidad. Las manchas de óleo y acrílico ya no ocultan por completo los trazos del dibujo sino que establecen un diálogo premeditado con los

trazos de carbón, el pastel graso o los lápices acuarelables, entre otros. De manera que el dibujo no es siempre una estructura preparatoria o una técnica aislada sino que se convierte en un medio de expresión que se integra en la pintura.

Este libro ofrece una visión muy completa del dibujo orientado a los pintores, con la doble vertiente que hemos comentado: una primera relacionada con una base estructural, en la que el dibujo es una guía para aplicar el color; y una segunda donde permanece siempre visible y se integra en el resultado final, permitiendo nuevas formas de expresión. El carácter dominante del dibujo y el amplio campo de estudio que abarca son un estímulo constante para la creatividad y el aprendizaje. Lo cierto es que cuanto mejor conozca el artista pintor este medio de expresión tan politécnico, que se halla en la base de todas las especialidades, y mejor lo domine, más rentabilizará su presencia.

Técnica, esbozo y dibujo

El esbozo consiste en un dibujo preliminar basado en unas pocas líneas sencillas que ayudan a prever el dibujo completo y acabado. Una construcción compuesta de trazos y formas que reducen la complejidad de la realidad visible a unos esquemas geometrizantes, los cuales organizan las formas, establecen una primera relación de medidas, direcciones, volúmenes, etc., con la finalidad de captar una forma esencial, de hacerse una idea general del dibujo. El objetivo del esbozo es reconocer y retener con el mínimo de trazos o manchas el esqueleto básico o estructura del modelo que se quiere representar. Nunca tiene un carácter definitivo, pues es sólo la base a partir de la cual se alza todo el proyecto.

Por lo tanto, debe ser somero y parco en detalles, basta con unos pocos trazos que definan el contorno, el tamaño y la colocación de cada forma. El color proporcionará después a esa organización su meta expresiva modificándola tanto como se quiera.

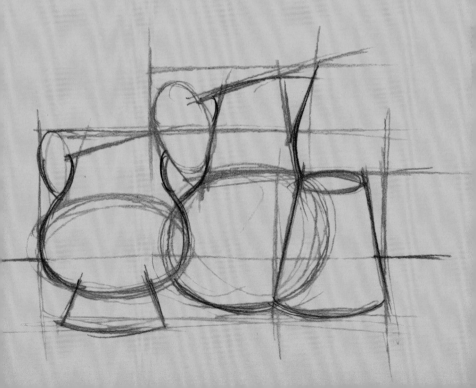

EL TEMA

Tanteo y **mediciones**

Dibujar una forma redondeada o un cuadrado es una tarea fácil para cualquier artista aficionado. ¿Dónde está, pues, la dificultad? Radica en combinar hábilmente los trazos para que éstos sugieran. Una línea mal situada o mal planteada puede hacer que el dibujo pierda sentido. El tanteo y las mediciones tratan de analizar el modelo y trasladar la ubicación de cada línea y sus proporciones al papel de manera equilibrada.

El primer dibujo puede realizarse con una barra de carboncillo o con pintura diluida. En ambos casos, el grado de síntesis debe ser máximo.

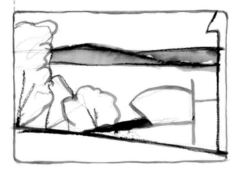

Un boceto debe basarse en unas pocas formas sencillas que ayuden a distribuir los diferentes elementos del modelo sobre la superficie del papel. De ahí que el dibujo preliminar sea tan esquemático.

Una escena urbana se resume en un conjunto de líneas diagonales que permiten intuir la silueta de los edificios más destacados.

Primero encajar

Encajar es aprender a ver proporciones, es decir, trasladar lo que el ojo ve al papel de forma equilibrada. Esto se consigue con un primer dibujo realizado a mano alzada, con apenas tres o cuatro garabatos, reduciendo el proceso de encajado a la mínima impresión, modificando o desplazando sistemáticamente alguna línea hasta encontrar la mejor representación posible. Esta forma de trabajar obliga a contemplar el modelo de un modo muy analítico y abordar el dibujo de manera sintética. Este croquis proporciona una estructura sobre la cual pueden evolucionar formas más precisas.

Medición y verificación de proporciones

Se parte de un sencillo esbozo inicial, que se observa y compara con el modelo original. Hay que fijarse bien, buscar relaciones y extraer conclusiones sobre lo percibido, es decir, sobre los elementos en los cuales se ha fijado la atención. La necesidad de precisar promueve el hábito de medir y de relacionar antes de abordar el tema con detalle. Se toman mediciones para comprobar que la inclinación de las diagonales es la correcta, que el dibujo ofrece la misma relación de proporciones que el modelo real, y que coinciden la relación espacial de los objetos y el lugar que éstos ocupan.

Unas pequeñas marcas y líneas direccionales contribuyen a estructurar de manera proporcionada el modelo y a disponer un orden compositivo.

Es importante proyectar rectas horizontales que ayuden a establecer referentes para medir los distintos componentes del modelo.

Del boceto al dibujo

Después de trazar unas líneas de tanteo y comprobar que el primer encaje ofrece una representación acertada y bien proporcionada sobre el soporte, se procede a dibujar. Hasta ahora sólo se cuenta con el boceto, ya que el dibujo constituye una representación algo más acabada, precisa y definitoria.

A pesar de la libertad que proporciona el boceto, algunos artistas necesitan planificar un poco la composición con cuadrículas o líneas cruzadas que ayuden a estructurar el modelo desde el punto de vista compositivo.

El boceto inicial son unas breves líneas. Con frecuencia, este dibujo no es muy exacto y sólo resulta legible para el autor.

Durante la fase de dibujo, las formas del boceto anterior se completan hasta que ofrece un aspecto semiacabado, apto para empezar a pintarlo.

Al pintar, conviene dejar un espacio de unos tres o cuatro centímetros desde el margen.

Funciones del dibujo preparatorio

Medianamente elaborado, este dibujo cumple diversas funciones. La principal es que se convierte en un estudio, un punto de partida para otro tipo de trabajo, en este caso una pintura que puede ultimarse con óleo, acuarela o acrílico. Sirve también para diseñar nuevas formas o composiciones, modificar el modelo real a nuestra conveniencia para crear figuras o espacios, alterarlos para conseguir una representación más subjetiva y personal. Representar la realidad no significa obtener una copia fiel de ella sino realizar una suerte de recreación de lo percibido, nunca una réplica.

El dibujo para ser pintado

No tiene que ser demasiado elaborado. Debe realizarse tomando en cuenta las líneas de tanteo anteriores. Cuando se tiene la forma definitiva, se presiona las líneas principales con el lápiz o la barra de carboncillo, dejando los trazos visibles, al menos durante las primeras fases del pintado. Si se efectúan desplazamientos o modificaciones conviene no apurar el espacio, es decir, no acercarse demasiado a los límites del papel o al canto de la tela, es preferible dejar unos tres o cuatro centímetros de margen; de lo contrario, se corre el riesgo de que con las correcciones posteriores aparezcan cortados o levemente mutilados.

El boceto representa la abstracción o síntesis máxima posible del modelo. Se resuelve con un trazo continuo, disponiendo la punta del lápiz de lado.

Sobre el boceto se completan las formas hasta conseguir un dibujo apto para pintar con acuarela. Cabe introducir algunos rastros de sombreado que luego se integrarán con la pintura.

Formas **geométricas**

Algunas veces, los artistas no saben cómo abordar un modelo del natural, una fotografía o una escena debido a su complejidad. Ante esta falta de seguridad, lo más práctico es plantear el dibujo a partir de formas o diagramas muy simples, realizando un despiece de estructuras geométricas que ayuden a organizar la experiencia de modo que se pueda comprender y asimilar mejor la realidad.

Interpretar el modelo a partir de formas geométricas ayuda a simplificar temas que, a priori, se antojan demasiado complejos.

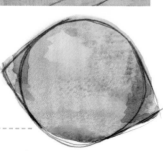

Cualquier objeto puede simplificarse en formas geométricas. Una esfera o un par de cilindros superpuestos facilitan el dibujo de elementos simétricos.

Dividir el modelo

Ante una imagen excesivamente compleja cuyo dibujo intimida al artista, hay que poner en práctica el consejo "divide y vencerás", es decir, dividir el modelo en partes más pequeñas. Cada una de estas partes se reduce, a su vez, a una forma geométrica básica (círculo, rectángulo, triángulo, cono...) con la que hay que asimilarla y compararla. El método se puede entender como la superposición de un sistema de símbolos o figuras geométricas a las formas naturales, y sirve para comprender y recordar con más facilidad las estructuras complejas que presentan algunos objetos.

Esta pintura se ha encajado con lápiz de grafito. La estructura aparentemente irregular de los ajos se ha solucionado con dos proyecciones triangulares.

El planteamiento geométrico inicial desaparece al incorporar la pintura. Las líneas no deben ser visibles, pues la función de este boceto es ayudar a planificar, no forma parte intrínseca del dibujo.

Un todo articulado

A partir del desarrollo de formas geométricas se puede descomponer, mediante un despiece, cualquier elemento que se pretenda representar. Luego, se trata de ver el dibujo como un todo articulado que puede desarrollarse de forma simultánea en todas sus partes, sin que ninguna supere en importancia al resto. De esta manera, los elementos naturales se pueden traducir o interpretar por medio de figuras geométricas que ayudan a calcular o verificar su forma y sus proporciones. Durante la fragmentación geométrica del modelo es posible utilizar líneas auxiliares: horizontales, verticales, diagonales y tangentes, así como intersecciones y espacios intermedios con ese mismo fin.

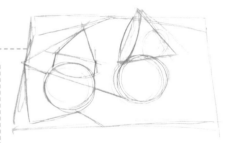

Dibujar con **el pincel**

Los esbozos realizados previamente con carboncillo pueden fijarse con un espray fijador o bien directamente con pintura diluida aplicada con un pincel. Cualquier nueva corrección se puede realizar repasando el trazo con pincel sin tener que borrar los trazos originales. Los trazos de pincel no se circunscriben a los trazos anteriores ni a los límites físicos de los objetos; atraviesan formas y se prolongan en el espacio, para unir, organizar y medir las partes integrantes de un objeto o de una composición.

El dibujo inicial de esta obra al guache se ha efectuado enteramente con pincel y tinta china. *Una vez seca, las líneas negras e intensas del dibujo se integran en el cuadro.*

Con un pincel de punta redondeada cargado de tinta negra *se dibujan de manera precipitada las hojas del ramo.*

Se plantea el trazo con óleo muy aguarrasado para fijar el carboncillo, *y acto seguido, se pasa un trapo por encima para facilitar su secado y difuminar levemente las líneas.*

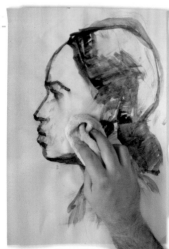

Un refuerzo al dibujo

Las líneas de tanteo que se trazan inicialmente son estimaciones visuales pendientes de ratificación o de corrección. Una buena manera de asegurar el dibujo es cargar el pincel con pintura muy diluida y recorrer el mismo trazado del dibujo anterior, perfeccionando, si cabe, su contenido. Esto significa que si se ha detectado alguna zona que podría corregirse, dicha modificación se realiza directamente con el pincel. Mediante este proceso continuo de intensificación se van construyendo poco a poco las líneas del objeto o de su contorno, dándoles la densidad y el valor apropiados.

Fijar el pigmento

El pincel, además de asegurar el dibujo realizado con lápiz, creta o carboncillo, fija el pigmento en polvo de estos medios secos al soporte, evitando que en futuras intervenciones los restos negruzcos de carboncillo enmascaren la pureza de los colores. Para no tener que esperar a que las pinceladas de color se sequen completamente, sobre todo si se trata de óleo aguarrasado, se puede pasar un trapo por encima. Hay que proceder con decisión, pues aunque se produzca algún ligero corrimiento o difuminado de líneas, el dibujo no desaparecerá.

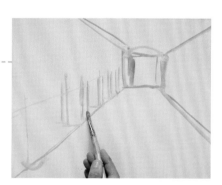

Si se dibuja directamente con pincel y óleo aguarrasado, conviene empezar con un color muy claro que permita rectificar con facilidad.

Todo el boceto se completa con ese mismo azul aguarrasado y un pincel fino. No hay que borrar ninguna línea, aquellas que no gusten se pueden corregir incorporando nuevas pinceladas.

A medida que el dibujo se perfila como definitivo, las líneas débiles de color azul se completan con otras más oscuras y se proyectan. Estos trazos sirven para corregir, si fuera necesario, los anteriores azulados.

Dibujo para **aguada**

La aguada es un medio transparente, que no cubre ni crea manchas opacas; es muy probable que las líneas de dibujo resulten visibles al final del trabajo, lo que significa que el dibujo preliminar debe haberse meditado bien. La idea básica del dibujo para aguada es la discreción y la simplicidad, pues suele ocupar un segundo plano, completando la preeminencia del color y de la mancha.

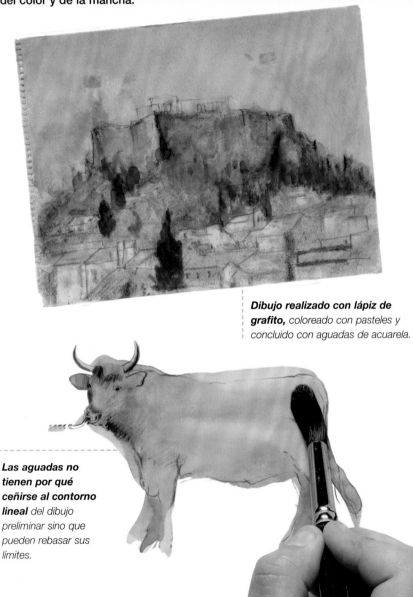

Dibujo realizado con lápiz de grafito, coloreado con pasteles y concluido con aguadas de acuarela.

Las aguadas no tienen por qué ceñirse al contorno lineal del dibujo preliminar sino que pueden rebasar sus límites.

Pintura transparente sobre trazos

La aguada consiste en aplicar, mediante pincel, colores diluidos en agua en distintas proporciones. Su aplicación comprende desde amplias manchas para delimitar zonas hasta ligeras pinceladas para realzar los dibujos elaborados con lápiz. Como medio de valoración e iluminación de los dibujos, la aguada opera de manera acumulativa, es decir, capa sobre capa. Se comienza por los valores más tenues y se van superponiendo los más oscuros progresivamente, de claro a oscuro, los cuales, debido a su transparencia, producen efectos luminosos y delicados. El dibujo inicial permanece incluso cuando la obra ya se ha finalizado.

Dibujo a lápiz para aguada

No debe ser abigarrado ni formar un conjunto de contornos cerrados y excesivamente acabados, sino lineal, sugerente y económico. Tampoco debe ofrecer sombras ni más añadidos que los indispensables de las formas. Todo aquello que se entienda bien no hace falta volver a subrayarlo. La razón fundamental por la que no resulta aconsejable un dibujo demasiado acabado en las fases previas de una acuarela, es que lo interesante de las formas es precisamente que coincidan con las manchas de color, de manera que el límite natural entre la mancha y la forma que esa mancha representa parezcan la misma cosa. Un dibujo rígido constriñe las manchas de color y ahoga la expresividad de la pintura.

El trazado preliminar permanece incluso después de terminado el dibujo. Son necesarias muchas capas de aguada para hacer desaparecer los trazos casi por completo.

El dibujo a lápiz se convierte en una pauta necesaria para pintar con acuarelas. *Ayuda a distribuir y distinguir las diferentes áreas de color.*

Al tratarse de una pintura translúcida que refleja el blanco del papel, *la aguada proporciona colores luminosos y al mismo tiempo delicados.*

Lápices para **acuarela**

El dibujo previo a la acuarela suele realizarse con un lápiz de grafito, ya que su tono gris suave y su trazo delicado permiten una fácil y discreta integración con el color. Si bien los trazos que produce el lápiz de grafito escupen la acuarela diluida, cuando se acumulan en exceso, los lápices acuarelables, sobre todo los de buena calidad, permiten la dilución de la línea, lo que provoca un estallido de color. Estos lápices añaden una nueva posibilidad en las mezclas.

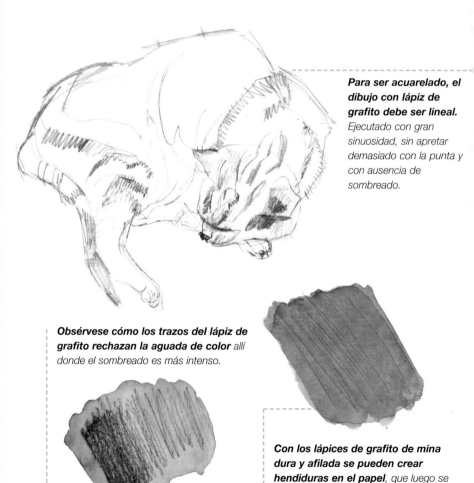

Para ser acuarelado, el dibujo con lápiz de grafito debe ser lineal. *Ejecutado con gran sinuosidad, sin apretar demasiado con la punta y con ausencia de sombreado.*

Obsérvese cómo los trazos del lápiz de grafito rechazan la aguada de color *allí donde el sombreado es más intenso.*

Con los lápices de grafito de mina dura y afilada se pueden crear hendiduras en el papel, *que luego se hacen visibles al superponer una aguada de color.*

¿Qué lápiz utilizar?

Lo normal es dibujar con un lápiz blando de grafito HB o 2B, aunque muchos artistas prefieren lápices de mina más dura como el H o 2H, creyendo que con ellos los trazos del dibujo no se apreciarán en el resultado final. Sin embargo, las minas duras pueden ser un inconveniente, ya que la punta afilada de los lápices duros es muy punzante y puede crear hendiduras, arañazos y surcos en el papel con facilidad. Existe el peligro de que estas marcas retengan agua y pintura y originen líneas demasiado visibles. Por lo tanto, si se decide utilizarlas habrá que proceder con sumo cuidado y dibujar sin apenas ejercer presión sobre el soporte. Es más aconsejable utilizar un lápiz 2B, y si la permanencia de los trazos molesta, se puede borrar parcialmente el dibujo antes de pintar.

Al aguar los trazos de un dibujo realizado con lápices acuarelables se consigue la perfecta simbiosis entre el dibujo y la pintura. El color cobra importancia sin que el trazado de los lápices desaparezca por completo.

Lápices acuarelables

Permiten aguar la línea del dibujo preliminar. Este medio reúne muchas de las cualidades de las acuarelas tradicionales y los trazos que proporciona el lápiz grafito, lo que permite crear un amplio abanico de efectos expresivos. Proporcionan al artista toda la flexibilidad y el potencial expresivo que la línea puede ofrecer y la facilidad de producir tono, luz y sombra o color rápidamente con el tinte al pasar un pincel húmedo por los trazos. Los trazos duros de lápiz permanecen y son visibles tras la aguada, pero si se trabaja sobre un papel mojado se suavizan, dispersan e incluso difuminan.

Los trazos realizados con lápices acuarelables se convierten en acuarela cuando se pasa un pincel empapado en agua por encima.

Lápices de colores y acuarela

Cuando el modelo es un animal, conviene esperar a que esté durmiendo para trabajar con toda tranquilidad.

1. Con un lápiz de grafito se apuntan las líneas principales: el espacio que ocupará el cuerpo, la cabeza, la inclinación de las patas... El trazo es muy suave, se realiza sin apenas apretar.

2. A partir de un trabajo aproximativo y progresivo se consigue un dibujo sencillo, aunque certero, del felino. Sólo intervienen líneas y se evita cualquier sombreado.

En el siguiente ejercicio se explora la combinación de línea y aguada; primero se realiza un dibujo preparatorio que luego se funde y se integra en la acuarela. Para los trazos del dibujo se han combinado diferentes medios: lápiz de grafito, lápices de colores acuarelables y una barra de cera de color blanco. El mayor problema que existe al trabajar con dibujos con trazos y aguada reside en conseguir una unidad entre ambos medios. Son dibujos que sugieren mucho más de lo que en realidad se revela en ellos y presentan perfiles y formas más precisas y recortadas.

4. Después de sobredibujar los trazos de grafito con los lápices acuarelables se plantean las primeras aguadas. Se carga el pincel sólo con agua para que diluya levemente los trazos de colores.

3. Con lápices acuarelables se efectúa un trabajo más minucioso: se subraya el contorno, se extienden algunas sombras y se aplican tramas de trazos para simular el pelaje.

5. Cuando las aguadas rosadas se han secado del todo se completa el dibujo. Esta vez se traza con una cera de color blanco, reservando de la acuarela los espacios que deben quedar blancos.

6. Con un pincel redondo de pelo de buey se aplican algunas aguadas pardas sobre la cabeza del animal. Éstas adquieren nuevas coloraciones cuando arrastran los trazos grises y azules realizados con lápiz.

6 — 7 — 8

7. Por mucho que se pinte sobre las zonas cubiertas con trazos de cera, el color no agarra y forma reservas de blanco.
Se añade gris al marrón a medida que se avanza por el cuerpo.

8. Para explicar mejor el pelaje se dejan pequeñas calvas sin pintar que recorren todo el cuerpo del felino. Todavía son visibles los trazos de lápiz que definen su contorno.

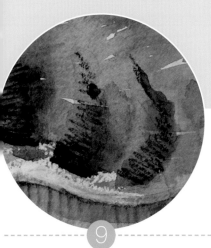

9. *Aprovechando que la superficie del papel aún está húmeda, se pintan las franjas oscuras características del pelaje de esta raza. Las manchas de color se funden ligeramente con los colores que hay debajo.*

10. *Una vez que el animal se ha secado por completo se pinta el estampado de los cojines, que se soluciona con aguadas transparentes de color azul, verde, rojo y tierra de sombra tostada.*

9

10

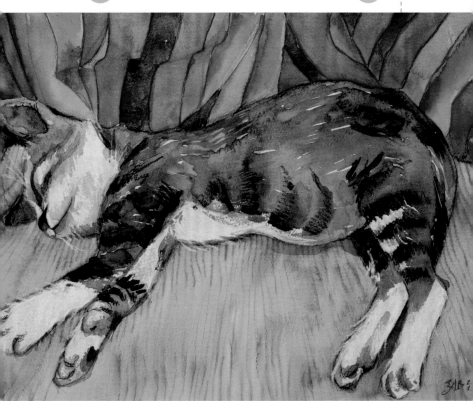

Dibujo previo para **óleo y acrílico**

Este dibujo se realiza habitualmente con carboncillo, aunque no se descartan otros materiales, por ejemplo una mina de grafito, el pastel graso o el lápiz conté. Todas las técnicas secas de dibujo deben utilizarse con moderación, sin sombrear ni apretar en exceso la barra contra el soporte para evitar destensar la tela, horadarla o saturarla de pigmento. El carbón y sus derivados son un recurso sólo aconsejable para pinturas de tamaño mediano y grande, donde el tosco trazado del carbón no plantee problemas.

Los trazos de carboncillo puede fijarse resiguiendo las líneas con un pincel cargado de pintura aguarrasada.

Las primeras manchas suelen ser de pintura diluida y no ocultan el dibujo que hay debajo, en este caso realizado con carbón compuesto.

Carboncillo y pintura

El dibujo previo de un cuadro al óleo debe ser somero y parco en detalles. Bastan unas pocas líneas que definan aproximadamente el contorno, el tamaño y la colocación de cada forma. Estos trazos pueden fijarse con un aerosol (si el trabajo de color se prevé delicado) o dejarse tal cual si se pretende emplear color bastante opaco desde el principio. El carboncillo deja un trazo muy intenso y sólo debe utilizarse cuando el artista esté dispuesto a jugar con los trazos negros del dibujo, imposibles de disimular hasta el final del trabajo. Cuando la línea debe ser más persistente es preferible utilizar carbón prensado de una tonalidad más oscura que el convencional para destacar los trazos. El dibujo queda así perfectamente incorporado a la escena y no contradice en absoluto al color.

Un medio que ensucia

El artista que emplea el carboncillo para dibujar debe evitar que ensucie los colores. Para fijar los trazos al soporte puede repasarlos con óleo aguarrasado o acrílico aguado. Sombrear el dibujo previo resulta poco aconsejable; sin embargo, si el sombreado es suave, antes de pintar, puede fijarse con aguarrás o con un aerosol fijador. Antes de aguar o fijar el trazo de carbón, es importante sacudir el soporte con un trapo limpio para evitar que las particulas de hollín ensucien la pintura. Muchos artistas gustan de un primer manchado ligero, acuarelado, con aplicaciones translúcidas que dejen entrever los trazos del dibujo. Ello requiere trabajar con mucho disolvente, empleando el color espeso como retoque final.

El hollín que acumulan los trazos de carboncillo puede ensuciar los colores si no se fija previamente.

Los trazos realizados con carboncillo son mucho más volátiles y se funden con la pintura aguada.

Los trazos efectuados con carbón compuesto son más permanentes e intensos. La línea aparece marcada a pesar de la aplicación aguada.

Egon Schiele
(1890-1918)

A pesar de su prematura muerte, Schiele fue considerado uno de los máximos exponentes del expresionismo austríaco.

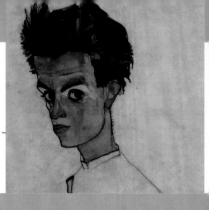

La habitación del artista en Neulengbach, *1911.*

Se presume que esta obra conocida con el nombre de El cuarto *o* La habitación del artista *fue un pequeño homenaje a Van Gogh. Forma parte de una serie de trabajos donde elementos comunes de su entorno fueron el modelo de sus obras. Se servía de ellos para expresar su soledad y el anhelo frustrado de formar una familia. Su paleta aparece repleta de tierras con un cromatismo casi ausente. La pincelada aguarrasada y rápida, con una capa de óleo translúcido, permite adivinar el dibujo preliminar, donde los trazos de lápiz se integran en el conjunto, y refleja el más alto estado depresivo del artista.*

1. Con una barra de carboncillo se trazan las líneas perspectivas que definen este interior; primero con líneas finas y delgadas, luego se asegura la forma de los elementos con un trazo más vigoroso.

UNA PALETA
REPLETA
DE TIERRAS

Egon Schiele murió a los 28 años, víctima de la epidemia de gripe española.

Junto a artistas como Gustav Klimt y Oskar Kokoschka, fue uno de los representantes más destacados del expresionismo abstracto. En su obra persiste la línea marcada e incisiva del dibujo para realzar el dramatismo de las formas de las figuras, los objetos o los interiores que retrata. El color se convierte en un complemento que da corporeidad a estas líneas, y él lo utiliza de manera poco naturalista, incluso muchas veces agrisado, desaturado y contaminado de tonalidades marrones y ocres.

2. Para rebajar la intensidad del dibujo se pasa un trapo por encima. Con óleo muy aguarrasado de color gris y ocre se cubren las paredes y el suelo del espacio, dejando en blanco los muebles.

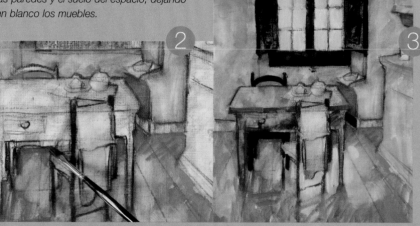

3. Con tierra de sombra tostada y negro marfil muy diluidos se pintan primero las zonas más oscuras. Se recomienda utilizar un pincel redondo fino de pelo suave para las aplicaciones delicadas y precisas.

4. Después de aplicar los colores, muy agrisados, en cada zona se comprueba cómo todavía son perceptibles los trazos de carboncillo iniciales. No hay que empeñarse en que desaparezcan, todo lo contrario, conviene preservarlos para que se integren en las finas capas de color.

Trazos de dibujo con **aguada**

El dibujo previo a cualquier aguada puede realizarse con diferentes utensilios. Las características de los materiales de dibujo permiten obtener trazos distintos que, debido a su variada consistencia e intensidad, ofrecen diferentes resultados gráficos cuando se

El color gris plomizo del lápiz de grafito se integra bien con las aguadas y no sufre alteraciones al humedecerse.

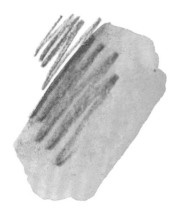

Al extender un lavado sobre los trazos de carboncillo éstos se atenúan y pierden intensidad.

La tinta de un bolígrafo puede combinarse con acuarela, aunque se corre ligeramente y cambia de color.

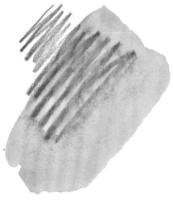

El trazo de los lápices acuarelables se intensifica y aumenta de grosor al entrar en contacto con un pincel húmedo.

cubren con lavados más o menos transparentes de acuarela o acrílico. En este apartado se ofrece un muestrario donde se analiza, de manera aislada, la compatibilidad e idoneidad de las diversas combinaciones posibles entre el dibujo y la aguada.

El dibujo realizado con cera o pastel graso repele la aguada, *por lo que mantiene el vigor del trazo y el color original.*

Sobre una aguada de anilina se dibuja con caña o plumilla cargada con lejía. *Transcurridos unos segundos, se produce una decoloración que deja al descubierto los trazos.*

El dibujo preparatorio realizado con pincel es más grueso y menos contrastado. *El color se altera a medida que se le superponen veladuras.*

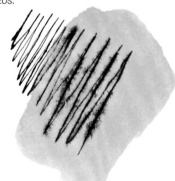

La plumilla metálica es un instrumento muy recurrente. *Capaz de un trazo intenso y fino sobre seco y delgado y filamentoso sobre la aguada húmeda.*

Dibujo blanqueado con **anilinas**

El bodegón elegido presenta interesantes efectos decorativos sobre la jarra y un estampado cuadriculado en el paño.

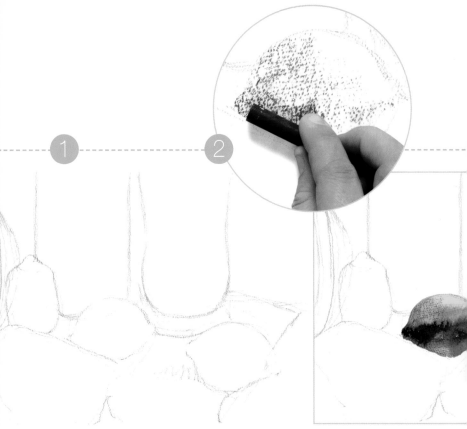

1. *Boceto suave del dibujo a lápiz, marcando los contornos que se llenarán de tinta. Conviene usar papel de gramaje alto, mínimo 150 g, ya que si la lejía es muy pura puede estropear el trabajo.*

2. *Con el lateral de una cera de color siena se sombrean los limones. Se trata de conseguir una textura granulosa que se integre en el color de la aguada.*

Las anilinas, también conocidas como acuarelas líquidas, tienen un gran poder de tinción y colores muy saturados. En este bodegón, sobre a acuarela seca se dibujan los elementos decorativos y estampados con pincel y plumilla, empleando sólo lejía (que contiene hipoclorito de sodio), una sustancia capaz de oxidar las tintas hasta blanquearlas. Es como realizar un dibujo del revés: las líneas no se solucionan antes de empezar el trabajo sino cuando éste ha concluido, y se va destiñendo la capa de color con mucha precisión, evitando salpicar por error las zonas colindantes.

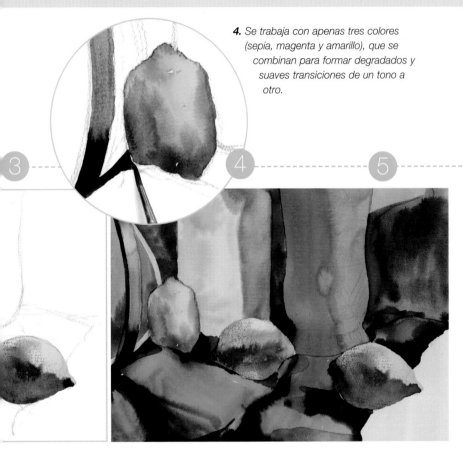

4. Se trabaja con apenas tres colores (sepia, magenta y amarillo), que se combinan para formar degradados y suaves transiciones de un tono a otro.

3. *La zona iluminada de los cítricos se pinta con amarillo intenso. Este color se degrada con marrón sepia a medida que se acerca a la mitad sombreada de la fruta.*

5. *Para pintar el fondo (con verde y sepia) y el paño de color azul (con toques magenta y sepia) hay que esperar a que las aguadas anteriores estén completamente secas. Se utiliza agua en abundancia, pues el color de las anilinas es muy intenso.*

6. Con un pincel fino de poca calidad se aplica lejía sobre la jarra decorada. Rápidamente empieza a comerse el tono azul de la tinta.

8. Se abren ahora los claros que definen los recuadros del paño de cocina. Hay que prestar atención a su forma y dirección para explicar mejor los pliegues y ondulaciones.

7. Con cuidado, se mojan con lejía los espacios blancos del jarrón, resiguiendo meticulosamente el dibujo ornamental y geométrico. Por eso, es más propio decir que se dibuja con lejía en lugar de pintar.

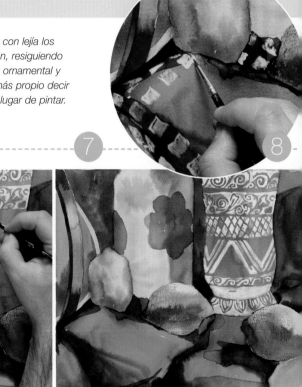

DIBUJANDO EN NEGATIVO

9. *Las últimas aportaciones de dibujo con lejía se efectúan con una plumilla metálica. Se repasa algún perfil o se añaden pequeños efectos de trama sobre los tejidos.*

10. *Cuando todo está seco se añaden algunas manchas de azul intenso sobre los recuadros del paño para completar su efecto. La lejía se ha comido parte del pincel, y es preciso desecharlo.*

Los temas y sus
particularidades

Hoy en día, el artista puede elegir los más variados temas para pintar entre las infinitas posibilidades que existen. La atracción por un tema determinado es sólo una fuente de motivación que lo mantiene en activo. A muchos pintores especializados en paisajes o bodegones les gustaría realizar pequeñas incursiones en temáticas que no les son habituales, y que habían descartado al considerar que requerían un mayor dominio del dibujo. Poner a prueba sus habilidades ante el reto que supone abordar temas más complejos como la figura o el paisaje urbano debe ser un estímulo. En este apartado, aparecen clasificados los temas pictóricos más significativos acompañados de las observaciones y la solución a los principales problemas de dibujo que acarrea cada uno de ellos.

el río a Jaun
(Suiza) Agost-2005

Bodegón: de la geometría a la forma

Los bodegones son modelos constituidos por objetos cotidianos, cuya inmovilidad permite un estudio paciente y detallado de todos sus componentes. La composición de un bodegón tiene que reflejar un equilibrio entre la unidad y la variedad, lo cual significa que el dibujo no debe reunir todos los objetos en el centro del encuadre, ni tampoco debe parecer descompensado, es decir, presentar demasiados espacios libres, o elementos dispersos, aislados y sin relación aparente entre sí.

Los objetos se abocetan a mano alzada. *Inicialmente, es mejor considerarlos como si fueran transparentes o de vidrio, pues esto ayuda a dibujarlos de manera proporcionada y simétrica.*

Encajar significa inscribir dentro de *cajas, o formas cuadrangulares. Los diferentes objetos se construyen a partir de formas geométricas.*

Sobre el boceto anterior se dibujan mejor los perfiles que destacan sobre un fondo sombreado. Los contrastes son fundamentales para clarificar la forma.

De la forma simple al objeto

El trabajo de la naturaleza muerta comienza por seleccionar y colocar los objetos. El artista necesita tener en cuenta la forma aproximada de cada elemento que se representará con una forma geométrica simple muy abocetada. Será suficiente para calibrar el espacio que ocupa cada objeto y la relación de proporciones que se establece con sus adyacentes. Cuando la distribución y las dimensiones parecen óptimas se completa la forma de cada elemento para facilitar su identificación. Conviene no dejar mucho espacio entre ellos, pues de lo contrario se rompe la unidad del bodegón.

Dibujo de cristal

Hay que agrupar los objetos de modo que unos se superpongan a otros, para dotar al conjunto de profundidad. Se disponen unos objetos más cerca y otros más alejados, para que las formas que se crean entre ellos sean variadas e interesantes. A fin de facilitar este trabajo de ubicación se dibujan todos los objetos como si fueran transparentes o de cristal, de manera que los que están delante no oculten a los del segundo plano. Este planteamiento facilita enormemente la representación simétrica del objeto. La atención a los detalles se deja para el final, cuando el dibujo esté del todo construido y desarrollado. Para terminar, se afianza el dibujo planteando someramente la iluminación. Las sombras ayudan a dar más solidez a los objetos, a controlar su emplazamiento y su iluminación.

Este dibujo se ha estructurado a partir de formas geométricas. Las aplicaciones de color se funden con una base sombreada con carboncillo.

Un buen boceto puede ser el punto de partida para una interpretación subjetiva, donde los trazos de creta negra se combinan con pintura acrílica.

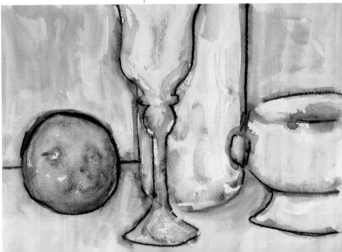

Organizar el **paisaje**

La mancha es una herramienta de dibujo tan poderosa como el trazo.
Su contorno sugiere, y en lugar de delimitar insinúa y evoca con eficacia
cada aspecto parcial de un paisaje. Algunas veces, al abocetar un paisaje, se
repara en que la vista ofrece una gran cantidad de detalles y matices que no
deben incluirse en el boceto. Intentar plasmar con detalle la generosa
profusión de texturas de la vegetación es un error que puede evitarse si se
sigue el planteamiento sintético.

Las manchas de acuarela diluida pueden combinarse con un trabajo tonal realizado
*con lápices de grafito de distintas durezas. Es habitual que la mancha desborde ampliamente
los límites del dibujo.*

*La intensidad de las
manchas varía con la
distancia.* Los términos
más alejados se solucionan
con manchas de color muy
diluidas, mientras que los
árboles cercanos requieren
una pintura más intensa.

Unas pocas manchas

Los artistas no acostumbran a dibujar el paisaje tal y como es en realidad, a menudo realizan algunos ajustes. Por eso, cuando se dibuja un paisaje para ser pintado conviene organizar las formas de manera que conduzcan el ojo del observador a través del dibujo. Hay que buscar el modo de relacionar los elementos situados en el primer término con los que se hallan más distantes, resaltando el primero con fuertes contrastes de luz y de sombra y atenuando el último plano.

Las manchas con las que se aboceta un paisaje no *pueden acumularse sin sentido o aleatoriamente.*

Equilibrio en el paisaje

El sentido de la vista experimenta el equilibrio cuando las manchas se distribuyen de tal modo que quedan compensadas entre sí. Estos acentos o mayor incidencia en los trazos tendrán una organización jerárquica que irá de los trazos o manchas más contundentes a los más sutiles y delicados. La composición se basa en la relación de punto y contrapunto, en la contraposición de varios elementos que alcanzan cierto equilibrio. Se debe insistir, pues, en que el equilibrio en el dibujo vendrá determinado tanto por su disposición como por la suma de múltiples elementos y el modo en que acentúan su presencia en el conjunto.

La mancha posee su propio dibujo: su contorno y la variedad cromática puede predecir cada plano del cuadro.

Conviene ser fiel a una estructura, alternar manchas con más o menos sentido con espacios en blanco.

Un paisaje
invernal

Camino que transcurre entre campos y márgenes cubiertos con una fina capa de nieve.

1. El dibujo realizado con lápiz de carbón permite organizar la composición con gran economía de líneas. Luego, se efectúan trazos invisibles con cera blanca sobre las zonas cubiertas de nieve.

2. Al aplicar las primeras aguadas grises y pardas sobre el paisaje, el dibujo a la cera resiste la aguada y aparece como una línea blanca.

3. Cuando la acuarela está medio terminada se interviene de nuevo con lápiz para remarcar pequeños contrastes y detallar la casa del fondo. En el caso de haber un exceso de cera, puede retirarse del dibujo rascando cuidadosamente con una cuchilla de afeitar.

1 · 2 · · · · · · · · · · · · · · · · · · ·

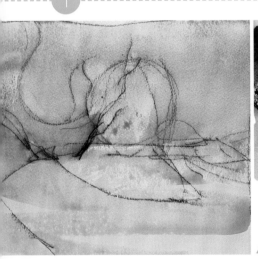

LOS TRAZOS A LA CERA
REPELEN LA ACUARELA

Los dibujos realizados con cera repelen la pintura a la acuarela y pueden combinarse con los trazos efectuados con lápiz de grafito o de carbón para representar con precisión efectos climáticos como la niebla, la lluvia o un paisaje invernal cubierto por escarcha o nieve. Si se trabaja sobre un papel con gramaje elevado se consigue, además, que el trazo aparezca granulado y discontinuo, y su textura contrastará con los baños de color más o menos homogéneos de la acuarela.

4. Con tierra de Siena tostada, violeta cobalto y gris de Payne se crean nuevos matices que hacen contrastar, aún más, las reservas hechas con cera. Obsérvese que los trazos de carboncillo son todavía visibles en la obra terminada, aportando así información sobre su proceso de creación.

Escenas de interior: **crear espacio**

Pintar interiores puede parecer a priori una actividad aburrida, sin embargo, cuando se profundiza en el tema, sorprende lo diferentes que son y el juego que ofrecen. El primer interior que se debe utilizar como modelo para dibujar es aquel que nos resulte más familiar y conocido. La manera más sencilla de representarlo es a partir de una esquina, desde la que se proyectan los puntos de fuga que limitan el zócalo y el techo.

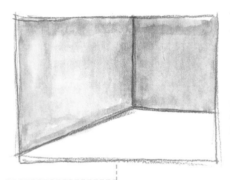

La mejor manera de planificar un interior es trazar diagonales perspectivas desde una de sus esquinas.

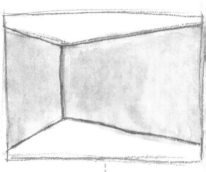

Proyectando sendas diagonales desde la esquina de la habitación, se ubican la línea del techo y del zócalo.

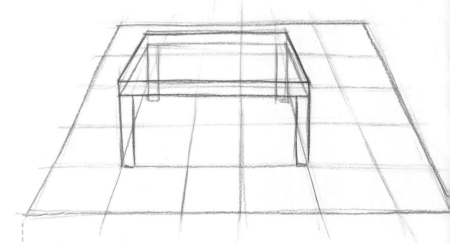

Cuando el mueble no se encuentra adosado a la pared, se proyecta una cuadrícula en el suelo de la habitación para dibujar un alzado del mismo.

La construcción de los límites

En un dibujo de interior primero se representa la perspectiva: los límites del espacio arquitectónico, es decir, las líneas que definen el ángulo de la habitación, el zócalo y el techo. Es mejor empezar dibujando una esquina, desde la cual se trazan diagonales que limitarán las paredes por sus partes superior e inferior. Se puede falsear o deformar un poco la perspectiva interior, pero sin que se note demasiado, para que algunas habitaciones ofrezcan un ángulo de visión extremadamente amplio. A veces, los espacios reducidos no pueden resolverse con una perspectiva lineal convencional, porque el cono de visión es demasiado estrecho; entonces hay que recurrir a la deformación angular para generar una sensación de implicación y lugar.

Mobiliario con cuadriculado

Una vez se ha resuelto el espacio, la mejor manera de situar los muebles en el interior de la habitación es considerarlos como si fueran formas geométricas simples. Los muebles que están pegados a la pared no presentan demasiada complicación, ya que las diagonales de las paredes facilitan el encajado, pero los que se hallan en el centro de la sala requieren usar la cuadrícula. Para realizar el cuadriculado más o menos coherente se plantea el suelo como un tablero de ajedrez. Se dividen las paredes en partes iguales y se une cada división con su opuesta. El cuadriculado resultante se toma como una pauta para elevar nuevas formas geométricas con las que se ultimarán los muebles. Hay que dibujar como si los objetos fueran de cristal.

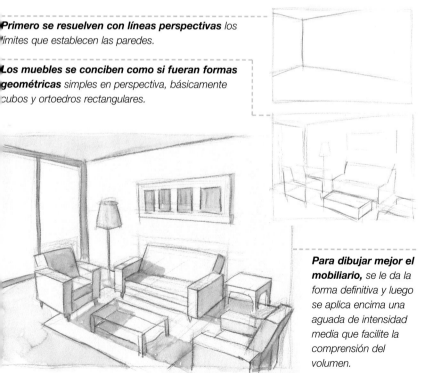

Primero se resuelven con líneas perspectivas los *límites que establecen las paredes.*

Los muebles se conciben como si fueran formas geométricas simples en perspectiva, básicamente cubos y ortoedros rectangulares.

Para dibujar mejor el mobiliario, se le da la forma definitiva y luego se aplica encima una aguada de intensidad media que facilite la comprensión del volumen.

El problema del **paisaje urbano**

La imagen de una ciudad es un tema muy atractivo para cualquier pintor, ya que una misma escena puede estar integrada por numerosos y diferentes elementos: los edificios singulares que establecen hitos y puntos de referencia en el perfil de la ciudad, sus materiales, texturas, colores, la geografía circundante como plazas, parques y su contraste con la vegetación. El mayor problema al que se enfrenta el artista es la perspectiva de los edificios.

En la representación del paisaje urbano debe existir una gradación que repercute en los tonos o en el grosor del trazo, dependiendo de si se trata de edificios cercanos o lejanos.

Cualquier forma arquitectónica puede sintetizarse en formas geométricas básicas. Se trata de seleccionar la más adecuada en cada caso.

Las formas geométricas anteriores se completan con detalles y texturas que configuran la apariencia definitiva de los edificios del primer término.

Cómo se construye un edificio

A fin de simplificar los problemas de dibujo, sobre todo en los edificios más complejos como catedrales y palacios, su esquema debe reducirse a formas geométricas básicas. Cualquier construcción, por compleja que sea, puede verse como una serie de grandes bloques o cilindros ensamblados. Una vez que estas formas se han identificado en el modelo, puede construirse el edificio introduciendo gradualmente el detalle arquitectónico. El tema ofrece cierta dificultad, pero no es necesario ser un experto para dibujar más o menos bien formas geométricas simples en tres dimensiones.

Diferenciación de términos

Igual que sucede con el paisaje natural, la clave para representar una escena urbana radica en la diferenciación de lo que está cerca y lo que está lejos. La simple representación de unos objetos delante de otros ya ofrece una sensación de profundidad espacial. Al dibujar objetos semejantes pero de distinto tamaño, los mayores parecen más cercanos que los menores. Estas representaciones intuitivas de la profundidad son a menudo suficientes para resolver escenas rurales o urbanas con pocos edificios. Pero cuando se trata de organizar espacios con una fuerte presencia arquitectónica, entonces interviene la perspectiva lineal, ya que no es posible dar coherencia a la representación sin usar un sistema general que determine la inclinación de esas rectas vistas en perspectiva.

*Las formas definidas de las **construcciones** del primer término permiten crear composiciones con mayor efecto de profundidad.*

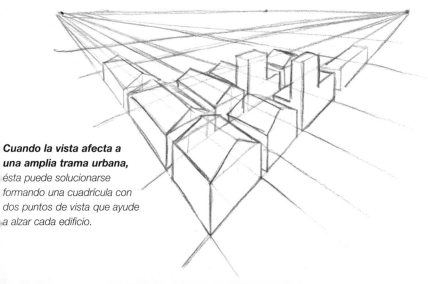

***Cuando la vista afecta a una amplia trama urbana,** ésta puede solucionarse formando una cuadrícula con dos puntos de vista que ayude a alzar cada edificio.*

Perspectiva aparente

Se realiza a mano alzada, sin mediciones gracias a la intuición del artista, y sirve para construir una escena urbana con una perspectiva convincente. Quizás el dibujo acabado no se ajuste demasiado a las reglas de la perspectiva matemática, pero el resultado final debe ser creíble y no dejar dudas ni inducir a confusiones espaciales. Se utiliza con facilidad el croquis y trazos suaves efectuados con movimientos rápidos del brazo que favorezcan el trazado de líneas más o menos rectas.

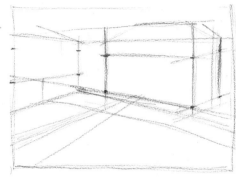

La perspectiva de cualquier escena urbana se realiza a mano alzada. Los edificios se plantean como formas deformadas por la perspectiva.

Sobre el esquema anterior, se terminan de definir las particularidades arquitectónicas de las fachadas y se superponen los árboles. Este esquema es suficiente para empezar a pintar.

Inclinación de las fachadas

El dibujo de un espacio urbano se inicia trazando una recta perpendicular en una esquina de una plaza o un edificio. Desde esta recta, se proyectan líneas diagonales cuya inclinación debe medirse a ojo. De manera que las líneas paralelas que en la realidad conforman las calles y los edificios se vuelven líneas diagonales que convergen hacia un único punto. Estas diagonales limitan la altura de los edificios y marcan la pauta que seguirá la inclinación de las fachadas y la reducción de su tamaño con la distancia. Así, se crea un esquema geométrico al cual se pueden añadir los detalles arquitectónicos respetando las tendencias y los tamaños dictados por las líneas.

Diagonales en abanico

Para dibujar los elementos de la fachada (puertas, ventanas, dinteles...) conviene saber que entre la diagonal que recorta la parte superior del edificio y la de su base la disposición de las diagonales intermedias es radial, se distribuyen formando un abanico. Cuando los puntos de fuga de estas rectas se encuentran fuera del espacio del cuadro hay que dividir las rectas verticales en igual número de partes (esta operación se puede realizar a ojo, es un cálculo aproximado). Se unen todos estos puntos con nuevas rectas realizadas a mano alzada. Luego hay que procurar que las ventanas y las puertas coincidan con las diagonales que dividen la fachada.

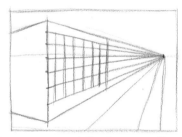

Para poner en práctica la perspectiva aparente, es fundamental disponer de un mínimo conocimiento de la perspectiva para producir dibujos arquitectónicos convincentes.

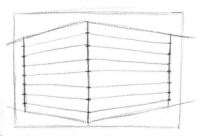

Cuando los puntos de vista se encuentran fuera del papel, se dividen las esquinas del edificio con un mismo número de partes y luego se unen todos los puntos con rectas diagonales.

La perspectiva de dos puntos de fuga es la más utilizada en espacios urbanos, y al igual que sucede con el dibujo de un interior, las líneas de fuga parten de las esquinas de los edificios. Éstas se distribuyen sobre las fachadas de forma radial, formando un abanico.

Callejuela con **carboncillo y veladuras de óleo**

Una callejuela es un modelo óptimo para poner en práctica el dibujo con perspectiva aparente.

1. Sobre la tela, se planifican las estructuras arquitectónicas con trazos lineales efectuados con una barra de carboncillo. Conviene estar atento a la inclinación de las diagonales y a la estructura geométrica de la torre.

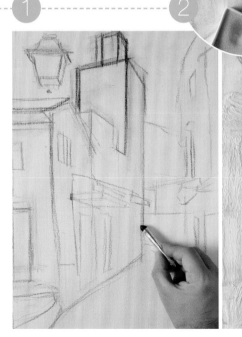

2. Para rebajar la intensidad de las líneas basta con pasar un trapo por encima. Se impregna la superficie del papel con cola látex espesa y se espolvorean unas pocas microesferas para que queden adheridas.

3. Se desgarran pequeños trozos de papel absorbente, higiénico o de cocina, y se pegan a la tela algo arrugados presionando con el pincel cargado de látex. Se empieza a pintar cuando todo está seco.

Una buena planificación y la síntesis de las formas constituyen el puntal básico de la siguiente perspectiva. Ello permite superar las dificultades que emergen de la lectura de las formas. Para realizar el dibujo inicial se pone en práctica la perspectiva intuitiva, que se completa con amplias coloraciones de óleo aguarrasado y algunos efectos de textura que se consiguen con papel arrugado y microesferas. Los últimos toques lineales se solucionan con una barra de creta negra, cuando la pintura todavía está húmeda, para que se integren en ella y permanezcan tras el secado.

B U E N A
P L A N I F I C A C I Ó N

5. *Al incorporar la pintura diluida los efectos de textura se hacen más evidentes. Se dejan sin pintar las partes más iluminadas de los edificios.*

4 ─────────── 5 ───────────────────

4. *Los trazos del dibujo anterior son una excelente guía para incorporar las primeras manchas aguarrasadas. Se empieza con el azul del cielo y se van resolviendo las zonas sombreadas.*

6. *Las manchas de color serán cada vez menos extensas y aguarrasadas. Hay que ir concretando puertas y ventanas, pero de manera suelta e incluso algo tosca.*

7. *En esta fase, el manchado con óleo ya se ha concluido. Obsérvese que el tratamiento es muy esquemático, pero contribuye a explicar la arquitectura y la distribución de la luz.*

8. *Se incorpora de nuevo el dibujo en la pintura. Con una creta negra se efectúan algunos trazos muy finos y tenues sobre la pintura todavía fresca. Se hace así porque cuando el óleo se seca asimila los trazos y los convierte en permanentes.*

9. Se frota el lateral de la barra de creta sobre algunas superficies para realzar aún más, si cabe, el efecto de textura.

10. Con la punta de la barra se dibujan los cables que cuelgan sobre la callejuela. Sólo queda iluminar la fachada izquierda con una capa de óleo blanco, cubriente y opaco.

Diversas posibilidades de **trazo con óleo**

Cuando se realiza el dibujo preliminar de una pintura al óleo, conviene tener presente el medio de dibujo que se elige, saber exactamente cómo responde y se mezcla con esta pintura. Dicha elección debería estar supeditada al grado de implicación y participación que tendrá el dibujo en el estadio

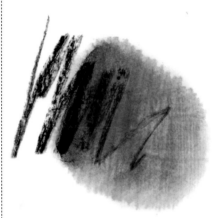

El trazo de carboncillo es intenso, pero se desvanece con la pintura aguada e incluso puede ensuciar el color.

Para evitar que el trazo de carboncillo manche las aportaciones de colores, puede fijarse pasando por encima pintura diluida con aguarrás y esperar hasta que se seque.

El grafito ofrece una línea más agrisada, pero con mejor perdurabilidad que el carboncillo. No se diluye ni se funde.

El lápiz de color, sea o no acuarelable, presenta un trazo vistoso y cromático. Apenas se diluye al superponerle óleo aguarrasado.

final de la pintura. A continuación, se exponen algunos ejemplos que permiten comprobar cómo se integran o desvanecen varios trazos realizados con diversos procedimientos de dibujo con óleo ligeramente aguado. Ayudan a entender mejor la compatibilidad entre los materiales.

Si se realiza el dibujo previamente con óleo diluido *en esencia de trementina, se aconseja esperar al menos un cuarto de hora antes de superponer una nueva capa de color.*

La mina de cera o plastidecor contiene gran cantidad de cera *que aísla el pigmento de la pintura diluida, de modo que el trazo rechazará cualquier aplicación aguada.*

El pastel graso se aglutina con aceite, *por lo que existe el peligro de que su trazo se destiña ligeramente y manche la pintura superpuesta.*

El pastel al óleo produce un trazo muy grueso y graso, *basta con dar una suave pasada con el pincel cargado con esencia de trementina para que se deshaga.*

Eugène Delacroix
(1798-1863)

Delacroix empleó tanto la mina de plomo como la pluma y el lavado con acuarela con suma destreza.

Cama sin hacer, *1816.*

Delacroix llevaba siempre consigo un cuaderno donde dibujaba los temas que más le llamaban la atención, lo que iba encontrando a su paso; realizaba primero un dibujo a lápiz que luego coloreaba con acuarela. Esta cama sin hacer, obra de juventud del autor, ha visto la luz recientemente, después de años oculta en una carpeta. Los pliegues de las sábanas se han representado de manera casi obsesiva hasta conseguir una sinuosa composición donde el contraste entre luces y sombras adquiere una gran importancia. Los sucesivos lavados de acuarela son los causantes de describir el volumen de los drapeados, tratados con una gama armónica muy reducida de colores, sobre un fondo oscuro que realza la fuerza y la iluminación del modelo.

LAS BASES DE

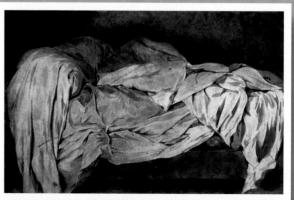

1. El dibujo preliminar se efectúa con un lápiz de grafito, representando cada pliegue y arruga. Se rebaja la intensidad de algunos trazos con la goma de borrar.

Artista aventajado y precoz que ingresó a los 18 años en la Escuela superior de Bellas Artes de París. Allí conoció a Théodore Géricault y a Raymond Soulier, quienes lo introdujeron en la técnica de la pintura a la acuarela. En sus obras, inducidas por un fuerte romanticismo, alterna el dinamismo barroco con una pincelada libre y atrevida, siendo el color un medio de expresión esencial que modela las masas gracias a la sombra y la luz. A través del color y de los contrastes da un aspecto casi escultórico a las superficies. Su pincelada suelta, hace que la pintura vibre acrecentando así la sensación de movimiento.

M P R E S I O N I S M O

2. El primer manchado con acuarela es muy transparente, sirve básicamente para mitigar el blanco absoluto del papel y aplicar las primeras sombras en las arrugas principales. Se utiliza una mezcla de azul, carmín y gris de Payne diluidos en agua.

3. Hay que dejar secar los colores anteriores cada vez que se hace una nueva aportación de acuarela para que los tonos se vayan oscureciendo progresivamente. Las zonas más iluminadas se dejan sin pintar.

4. Con gris de Payne más saturado se oscurecen los dobleces más profundos; con ello se incrementa el efecto de relieve de los drapeados. En las zonas iluminadas, como el cojín, las gradaciones deben ser mucho más sutiles.

El modo de **captar la figura**

El dibujo de la figura humana, tanto vestida como desnuda, es sin duda uno de los temas más complicados de resolver para el artista aficionado. Esto se debe a que las proporciones del cuerpo nos resultan tan familiares que es difícil no encontrar frecuentes errores en nuestros dibujos. El dibujante inexperto suele construir el dibujo de una figura por módulos, rectangulares u ovalados, que sugieren distintas zonas de la anatomía.

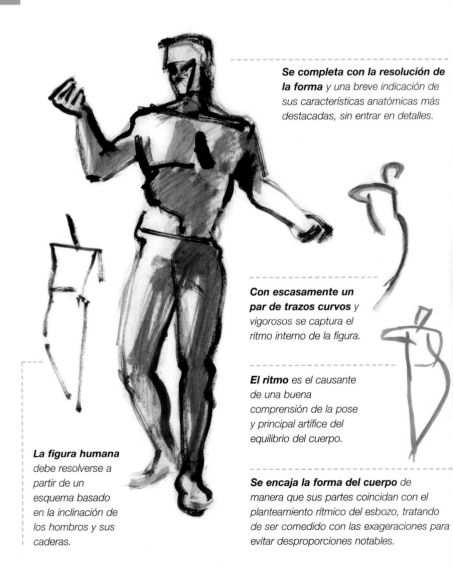

Se completa con la resolución de la forma y una breve indicación de sus características anatómicas más destacadas, sin entrar en detalles.

Con escasamente un par de trazos curvos y vigorosos se captura el ritmo interno de la figura.

El ritmo es el causante de una buena comprensión de la pose y principal artífice del equilibrio del cuerpo.

La figura humana debe resolverse a partir de un esquema basado en la inclinación de los hombros y sus caderas.

Se encaja la forma del cuerpo de manera que sus partes coincidan con el planteamiento rítmico del esbozo, tratando de ser comedido con las exageraciones para evitar desproporciones notables.

Dibujo de la figura para pintar

Los dibujos para pintar no pretenden emprender estudios detallados de la anatomía del cuerpo. La clave para realizar un buen dibujo de figura se encuentra en la observación muy minuciosa y en la economía de trazos. Los bocetos previos a la pintura deben tener como único objetivo traducir las formas complejas del cuerpo hasta conseguir una estructura convincente y reconocible. Interesa captar en pocos trazos la actitud, la posición de las piernas, los gestos de las manos y los brazos, en definitiva, las expresiones corporales del individuo. Es preferible utilizar el carboncillo, u otro medio de dibujo volátil, pues suelen requerir numerosas rectificaciones.

Se obvian detalles y se capta el ritmo

Para realizar el dibujo antes de pintar es importante captar las formas principales y el ritmo de la figura. La tensión de una pose se manifiesta a través del ritmo, es decir, con una línea interna imaginaria que otorga sensación de fluidez, expresión y dinamismo al cuerpo; de esta manera, el gesto esencial de la figura queda insinuado de forma natural. Hay que prescindir de los detalles: dedos, elementos faciales, arrugas del vestido, o similares. Lo correcto es resolverlos en formas genéricas o en directrices lineales que ofrezcan, desde el principio, una visión de conjunto de toda la figura, sobre todo si se tiene en cuenta que las primeras manchas de color, que tienden a unificar, ocultarán toda esta información.

Sobre un esquema preliminar realizado con una barra de carboncillo, se ha dibujado un desnudo con pasteles de colores y se ha silueteado la forma con tinta china de color encarnado.

El aliciente de **los animales**

La gran variedad de especies del mundo animal ofrece al artista una gama infinita de formas, estructuras, colores y texturas. Más que en ningún otro caso, la representación de un animal requiere una dosis de retentiva muy elevada, dado que el principal inconveniente es que los modelos se mueven constantemente y de manera impredecible. Suelen resolverse con un trazo lineal al que se añade una intención de sombreado, con la que se refuerzan las líneas y se añaden medios tonos.

Los animales pueden solucionarse con un sinuoso trazo lineal realizado con lápiz de grafito, que se refuerza con una tenue coloración con acuarela.

Al combinar el lápiz y una aguada muy transparente se produce una extraña simbiosis entre dibujo y pintura. La fina capa de color evidencia las pequeñas tramas de trazos del dorso del animal.

Un dibujo desenfadado y rápido

Muchos artistas emplean los trazos gestuales de manera intuitiva para dibujar animales. Los dibujos de esta índole no pretenden retratar detalladamente el modelo sino captar su espíritu, su esencia. Los animales rara vez están quietos o se encuentran bajo el control del artista, por lo que conviene trabajar deprisa y esto significa abocetar rápido. Antes de dibujar se recomienda observar atentamente el modelo y, si es necesario, realizar un esquema previo para estudiar las formas elementales de la cabeza, el tronco y las extremidades.

La combinación de línea y mancha

La mejor manera de dibujar animales es tener en cuenta el volumen y las variaciones tonales. Por lo tanto, suele resultar muy útil realizar algunos bosquejos a partir de diluciones de color, utilizando algo de pintura diluida, explotando al máximo las posibilidades tonales que ésta permite. La simbiosis entre la mancha de pintura y el trazo proporciona al dibujo un aspecto espontáneo, impersonal y dinámico. Estas primeras manchas aguadas deben ser certeras y quedar graciosas, pues han de definir la orientación pictórica del conjunto. En el encaje con manchas que representan las sombras se omiten por completo los detalles y se refuerza la estructura del cuerpo del animal, el gesto y su volumen.

Avestruz realizado de manera rápida y abocetada con óleo espeso. Los trazos superpuestos de grafito afianzan la forma y sitúan espacialmente el animal.

El trazo del dibujo del caballo, efectuado directamente con pintura negra al óleo, tiene mucha presencia en esta obra. El trazo que contornea la bestia es grueso y refuerza el impacto del modelo.

Preparación del **retrato**

Antes de representar los rasgos de un retrato, buscar lo trascendente o lo particular del sujeto, el dibujo preliminar debe penetrar en la articulación estructural de la cara para sacar lo más hondo del ser a la superficie de la piel y facilitar así el posterior proceso de pintado. De no hacerse así, el dibujo ofrece poca unidad y se muestra con rasgos demasiado incisivos y desconexos entre sí. Un rostro es algo más que la suma de unos ojos, una nariz y una boca, y todo su éxito lo debe a una buena estructura preliminar.

La aproximación a los rasgos y *particularidades faciales del modelo debe ser lenta y progresiva, avanzar a partir de la síntesis y dejar los detalles para el final.*

Antes de dibujar los rasgos del retratado *conviene plantear una estructura facial convincente a partir de la observación y la síntesis de las formas.*

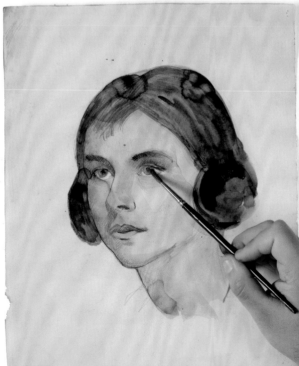

Cuando la articulación estructural de la cara es convincente, se resuelve cada rasgo con mayor detalle y se aplican las primeras aguadas de color, en este caso acuarela.

Primero la estructura

El retrato establece las condiciones para representar lo más notable del rostro a través de las apariencias de los códigos gráficos que lo materializan. La obsesión que tienen los artistas por encontrar el parecido con el retratado induce al error y conduce a olvidar que antes que un retrato es un dibujo, y esta condición determina su propio proceso constructivo. Por lo tanto, lo mejor es empezar estudiando la estructura del rostro, construirla con formas simples, muy esquemáticas. La distancia entre los ojos, la longitud de la nariz, el espacio de la frente…, deben quedar bien definidos desde el principio.

Luego los rasgos

La semejanza formal entre el retrato y el modelo se obtiene por una serie de rasgos mínimos relacionados con la selección de aspectos fisonómicos singulares que deben apuntalar la estructura planteada con anterioridad. Entonces el dibujo se vuelve algo más certero, aunque no definitivo. Recuérdese que estamos aprendiendo a realizar el dibujo preparatorio de una pintura, lo que significa que la mayoría de detalles y particularidades anatómicas deberán resolverse con el pincel. En este sentido, el contorno de los ojos y la boca son dos zonas fundamentales del rostro, los principales responsables del parecido con el personaje retratado.

Cuando se pinta con óleo es preferible realizar el dibujo preliminar con carboncillo. Las manchas se aplican opacas y se ensamblan unas con otras configurando un rompecabezas cromático.

La visión frontal del modelo facilita el cálculo de los rasgos: altura de la boca, distancia entre los ojos, longitud de la nariz, nacimiento del pelo…

Las primeras
fases de un retrato

Los modelos infantiles son los mejores para iniciarse, dado que su rostro no presenta facciones tan duras como un adulto.

1. Con una barra de carboncillo se dibuja la estructura de la cabeza. Con la barra de lado se insinúan el pelo y el vestido.

1 **2**

2. Con la punta de la barra se hace una segunda aproximación en la cara, y se sitúan los brazos y las manos. Conviene que los trazos sean muy sinuosos, dejando incluso algunas zonas sin concluir.

3. Cuando la estructura de la figura y sus proporciones son convincentes, se efectúa un dibujo mucho más certero, presionando más con la punta de la barra.

l retrato es el motivo más
timidante para el aficionado a la
intura. Captar la expresión facial y
l parecido con el modelo está sólo
l alcance de los artistas más
xperimentados. El secreto reside en
l dibujo preparatorio. En este
jercicio, se muestra la manera más
encilla y práctica de solventarlo.

Basta con considerar algunas
cuestiones que nos permitirán tener
una buena base para luego disfrutar
del proceso de manchado y aplicar
los colores de una manera
despreocupada. El resultado final, de
apariencia poco acabada, es útil
para comprender cómo se estructura
el dibujo y se integra con el óleo.

*Se humedece un pincel
e pelo de cerda sólo con
guarrás y se repasa el
bujo realizado con carbón.
on esta operación se
retende fijar el polvo del
arboncillo para que no
dultere los colores.*

*5. Para evitar que todavía
se acumule el pigmento
del carboncillo, se pasa
un trapo por encima del
dibujo de manera que las
líneas anteriores se
transforman en manchas
con contornos difusos.*

6. *La mejor manera de recuperar el contorno de la figura es pintar el fondo con distintas tonalidades de verde, ocre y gris muy blanqueado. El dibujo se refuerza con nuevos trazos de carboncillo y con pinceladas azules.*

7. *Se colorea el vestido con aplicaciones yuxtapuestas de tonos carmín y violeta grisáceo. Luego se pintan los brazos y se aborda el rostro. Las manchas de color se suceden como si fueran un rompecabezas.*

8. *La apariencia de la figura emerge de forma progresiva. El color aplicado es espeso y las pinceladas poco depuradas. Hay que obviar cualquier detalle.*

LOS TRAZOS DE DIBUJO SE INTEGRAN EN LA PINTUR.

9. Algunas pinceladas se convierten en trazos más definidos, como sucede en el pelo. Otras se repasan con trazos de carboncillo. De nuevo, los trazos de dibujo se integran en la pintura.

10. Con un pincel menos cargado de color se suavizan las manchas de la cara hasta conseguir suaves fundidos. Se han aplicado nuevos trazos de carboncillo para perfilar la barbilla e insinuar mechones del pelo.

Dibujo **aplicado a la pintura**

Hasta el momento hemos estudiado cómo debe ser el dibujo preliminar de un cuadro, sus estrategias, variantes y el modo de solucionarlo de manera rápida, cómoda y efectiva. En el siguiente apartado, el objetivo es otro, tratar de potenciar e integrar el dibujo en la pintura, de igual a igual. De manera que el trazo complementa las pinceladas de óleo, acuarela o acrílico y viceversa.

Son dos medios distintos que se funden en uno solo. El dibujo aporta la rotundidad, la estructura, la fuerza, mientras que el color aparece como principal valedor de los sentimientos, la profundidad y la sutileza. El trazo de la barra de carbón, pastel o cera abre una herida sobre la fresca superficie de pintura del cuadro para aportar mayor riqueza gráfica a la obra, y por qué no decirlo, una resolución algo más atrevida y moderna a la interpretación final.

El dibujo **coloreado**

Una forma de representación que no pretende ocultar el dibujo debajo de densas capas de pintura sino todo lo contrario, el objetivo es la simbiosis entre el trazo y la aguada, de manera que tanto el dibujo como la pintura son visibles a la vez. Dado que la pintura debe ser bastante transparente, esta técnica de colorear se presta más a trabajos realizados con acuarela, aunque eso no exime a otros procedimientos artísticos siempre y cuando la pintura se aplique diluida.

El coloreado consiste en pintar cada zona del dibujo con una fina capa de color. Es una técnica muy empleada por los ilustradores.

Las aguadas de acuarela apenas ocultan el trazo del dibujo preliminar, por lo que dibujo y pintura se funden, aunque el peso del dibujo es muy superior al de la pintura.

¿Pintar o colorear?

¿En qué difiere "colorear" de "pintar"? Aunque aparentemente sean dos palabras sinónimas, enfatizamos su significado para resaltar su aspecto distintivo. Pintar es un proceso por el cual un dibujo preparatorio que sirve de guía se cubre con diversas capas de pintura que, por lo general, terminan ocultándolo total o parcialmente, pues el objetivo final es conseguir una representación pictórica del modelo estructurada a partir de la mancha, de degradados, y el contraste de colores. Colorear no pretende ocultar el dibujo sino darle sentido, añadiendo suaves capas de color que complementan los trazos, los cuales permanecerán visibles cuando la obra esté terminada. El coloreado es muy habitual entre ilustradores.

Mina de grafito y acuarela

Cuando se dibuja habitualmente con acuarela se procura que el lápiz de grafito no deje un trazo demasiado fuerte para que éste quede más o menos oculto bajo las finas capas de color acuarelado. Ahora se trata de hacer todo lo contrario: en lugar de lápiz puede utilizarse una mina de grafito 2B o 4B para dibujar el tema, con trazos gruesos, fuertes e insistentes. Se realiza primero el dibujo con decisión, trabajando con la punta algo inclinada para obtener líneas más gruesas. Sobre el dibujo claramente definido se le añade el color, que nunca será ni saturado ni espeso. El resultado final es una obra con mucha fuerza, donde los colores están bien armonizados.

El dibujo preliminar se ha realizado completamente con una mina de grafito 4B, marcando bien los perfiles y extendiendo algunas sombras, y se ha completado con un coloreado con acuarela.

Aunque menos frecuente, el óleo aguarrasado también puede utilizarse para colorear, pues ni diluye ni altera los trazos de lápiz de grafito.

Dibujos **con pincel**

El pincel cargado de tinta se convierte en uno de los medios de dibujo más utilizados para realizar apuntes gestuales, ya que permite un trazo muy variable, fluido y un mayor control de la línea. Si bien el dibujo con técnicas secas como el lápiz o el carboncillo se fundamenta en un estudio racionalizado de las formas, la experiencia de dibujar directamente con el pincel se basa en la intuición y el impulso como expresión creadora.

Los dibujos realizados directamente con pincel y tinta deben ser intuitivos, capturar de manera poética las formas con una pincelada hilada y prolongada.

El modelo esbozado con pincel tiene mucha más presencia que un trazo de grafito o creta y se integra mejor cuando se incorpora el color a la representación.

Pincelada taquigráfica

Los dibujos realizados directamente con pincel se basan en la exageración rítmica del trazo. Se ejecutan de manera rápida, como si los trazos fueran parte de una inscripción formada por sucesivas marcas gestuales. Un dibujo gestual realizado con pincel no pretende describir con detalle el modelo sino capturar su esencia con pinceladas taquigráficas. Los movimientos gestuales permiten al artista ganar espontaneidad y agilidad con el pincel. Una vez que el dibujo ejecutado con pintura se ha secado, ya puede completarse con colores como si se hubiera hecho con grafito o carboncillo.

Una pincelada variada

Los trazos efectuados con pincel no deben ser rígidos, sino todo lo contrario, la punta del pincel debe retorcerse y aplastarse para responder a los gestos y al movimiento de la mano. Los mejores pinceles para dibujar con tinta o pintura líquida son los de punta redonda de pelo de meloncillo y los sintéticos; los primeros son más adecuados para tintas, anilinas y acuarelas, y los otros para acrílicos y óleo. Deben ser muy absorbentes y atrapar una gran cantidad de pintura diluida, pues esto garantiza un trazo más fluido y prolongado.
A mayor o menor presión e inclinación del mechón de pelo variará el grosor e intensidad de la línea.

El dibujo con pincel ofrece distintas posibilidades, según se varíe la inclinación y la presión del pincel o se cargue el mechón con más o menos cantidad de tinta. La punta ofrece una línea fina (a), pero a mayor presión el trazo se vuelve grueso (b), y con el mechón poco impregnado los trazos se muestran texturados (c).

Los pinceles suaves de punta redonda y las tintas, en este caso tinta china negra, suelen ser la combinación más habitual, aunque valen también el óleo o el acrílico diluidos.

EL TEMA

Trazos sobre **pintura fresca al óleo**

¿Se puede dibujar sobre óleo fresco? Tradicionalmente, se ha pensado que el dibujo corresponde siempre a un proceso preliminar del cuadro, muy anterior a la aplicación de cualquier sustancia pictórica sobre el soporte; sin embargo, a continuación se demuestra que existen varias estrategias de dibujo que el pintor se reserva para aplicar en la fase final de un cuadro con objeto de realzar texturas, subrayar un perfil o simplemente dotar a la pintura de mayor variedad gráfica. Veamos algunos ejemplos.

Trazos de mina de grafito sobre una pintura resuelta con óleo. El dibujo se incorpora al final del cuadro para recuperar perfiles y formas que se han perdido durante el pintado.

Sobre la capa fresca de pintura al óleo se realizan breves trazados con una barra de carboncillo; la intención es separar el contorno de las hojas.

El óleo puede combinarse con facilidad con los pasteles grasos porque ambos tienen una consistencia similar. Las barras de pastel se utilizan aquí para dibujar brotes finos y las nervaduras de las hojas.

Arañar la superficie

Los trazos realizados con carboncillo, creta, pastel o pastel graso se incorporan a la pintura durante la última fase de pintado, para afianzar algunas líneas que han desaparecido tras el arrastre del pincel. Si la capa de color es fina, el pigmento del trazo se desprende con facilidad al friccionar con la superficie del soporte. El polvillo de pigmento que se desprende se adhiere al color húmedo. Al secarse la capa de pintura, los trazos del dibujo quedan incorporados de manera permanente sin necesidad de aplicar ningún fijador. Cuando esta acción se practica con la punta redondeada de una espátula se la denomina esgrafiado.

Limpiar la punta

Si la capa de pintura es muy gruesa, la sola acción con la punta de la barra o la espátula metálica provoca incisiones como un arado que abre terruños en un campo. Entonces el trazo presenta un marcado relieve que se hunde en los colores. Cada vez que se utilicen barras, sobre todo de técnicas secas como el carboncillo, el pastel o las cretas, conviene limpiar bien su extremo, pues si se deja secar la pintura que hay adherida ésta impermeabiliza la barra y la inhabilita para realizar nuevos trazos. Basta con frotar con un trozo de papel absorbente la barra después de cada trazado. Así, también se evita transportar de manera involuntaria un color de un extremo a otro del cuadro.

Los pasteles grasos tienen una consistencia oleaginosa. Proporcionan un trazo que se integra muy bien en la pintura al óleo.

Esta pintura ejemplifica la incorporación de determinados trazados de dibujo que deben realizarse con la pintura al óleo todavía fresca. Con la pintura seca, existe el riesgo de que los trazos no sean permanentes.

Bodegón con **esgrafiado** y **acrílico**

El motivo elegido es un bodegón compuesto por tres mandarinas que proyectan una vistosa sombra sobre una superficie blanca.

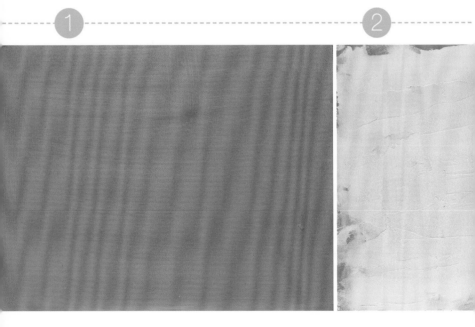

1. Primero se cubre el soporte con una capa de color rojo de cadmio, al que se le ha añadido un poco de gel regular brillante para aumentar su cuerpo.

2. Se deja secar la capa de pintura y se tapa con pintura blanca mezclada con gel retardante para evitar que el acrílico se seque demasiado deprisa.

En este proyecto creativo se mezclan recursos propios de la pintura con otros vinculados al dibujo hasta conseguir un interesante equilibrio entre trazo y mancha. Dado que la pintura se ha mezclado con diferentes geles y pastas para obtener un trabajo denso y matérico, se trabajará sobre una tablilla entelada rígida, pues soporta mejor el arañazo que provoca el esgrafiado y la acumulación de pintura más densa aplicada con espátula. El resultado es una obra fresca, vital y dinámica.

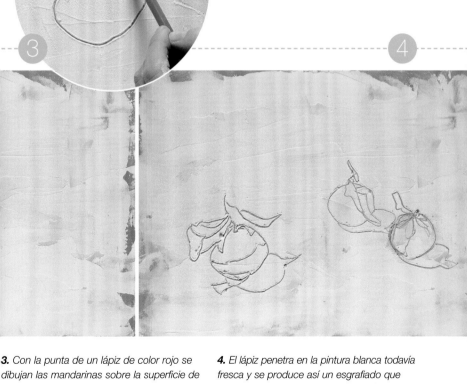

3. *Con la punta de un lápiz de color rojo se dibujan las mandarinas sobre la superficie de pintura todavía fresca.*

4. *El lápiz penetra en la pintura blanca todavía fresca y se produce así un esgrafiado que descubre el color del fondo. Se va limpiando la punta del lápiz de vez en cuando con un trapo para evitar que se acumule demasiada pintura.*

Al mismo tiempo, se ha preparado otro soporte donde pueden ensayarse diversas variantes del mismo modelo. Tras comparar los resultados, se continúa pintando aquel que más convenza.

E Q U I L I B R I O
E N T R E   T R A Z O   Y   M A N C H A

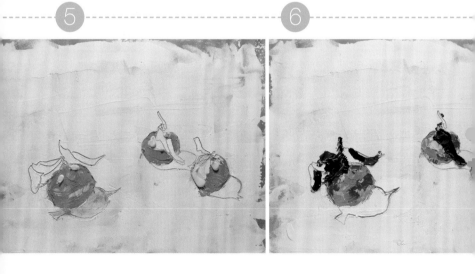

5. Se deja secar la pintura blanca y se pintan las mandarinas con espátula, con una mezcla de amarillo, naranja y rojo. Se añade gel a la pintura para aumentar su volumen, sobre todo para el verde de las hojas.

6. Se continúa construyendo las mandarinas con abundante pintura y en distintos tonos. No se presiona con la espátula para evitar arrastrar los colores inferiores.

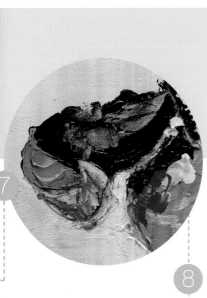

7. *En las hojas conviene utilizar una espátula pequeña, con la que se van combinando dos tonos de verde mezclados con gel.*

8. *Con nuevas aportaciones de verde se concluyen las hojas. Para finalizar, con la pintura blanca directamente de tubo, se añade un punto de luz o brillo a las mandarinas, poniendo cuidado en que el blanco no se ensucie con los colores adyacentes.*

Dibujo sobre **óleo fresco**

Algunas páginas más atrás se ha estudiado la relación de los trazos producidos por diferentes medios de dibujo combinados con pintura aguada; en esta ocasión, el objeto de estudio es la reacción de estos

Los trazos efectuados con lápiz de pastel deben ser insistentes. Aun así, tienden a fundirse con la pintura, lo que explica que presenten un tono más violeta en el centro.

Dibujar con barra de pastel sobre pintura es más fácil, aunque el trazo tiende a quedar empastado y el contorno espolvoreado.

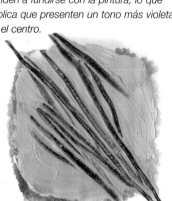

La mina dura del grafito actúa como un arado que arrincona la pintura y la acumula en los bordes de trazo. Para que la línea sea más oscura hay que presionar el soporte con la punta.

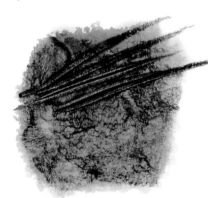

Cuando la capa de pintura al óleo es muy espesa, el carbón sólo puede aplicarse con la punta. Cuando es más fina, como ésta, la barra incluso puede frotarse de lado.

mismos materiales de dibujo sobre la superficie cremosa de pintura al óleo. Al actuar sobre una capa de pintura más espesa, a pesar de una mayor dificultad para conseguir líneas intensas, las posibilidades y combinaciones gráficas son más variadas, pues además de trazar se consigue arañar y provocar surcos profundos, alteraciones notables que atentan contra la uniformidad del color.

El pastel al óleo, cuando entra en contacto con la superficie grasa de la pintura, *se deshace y se mezcla con facilidad con el color subyacente.*

Para dibujar no siempre hay que añadir trazos, *también puede dibujarse con el esgrafiado, es decir, retirando parte del color con una cuchilla o espátula.*

Con la punta redondeada de la espátula se practican esgrafiados *que realzan el efecto de relieve de la pintura. El juego de luces y sombras permite que éstos sean más o menos visibles.*

Si se pretende que los esgrafiados efectuados sobre una capa de pintura al óleo de tono claro sean más visibles, *hay que tener la precaución de pintar sobre un fondo de color.*

Ferdinand Hodler
(1853-1918)

Hodler realizó cuadros cargados de simbolismo caracterizados por un colorido intenso y una extrema idealización de las formas.

1. Para poner en práctica la técnica de Hodler se dibuja primero el modelo con carboncillo. A continuación, con óleo algo aguarrasado se pinta precipitadamente cada zona.

Pensamientos, *1915.*
Este bodegón floral lo realizó en la última etapa de su vida. La pintura adopta un aspecto completamente expresionista, con formas fuertemente coloreadas y más sintéticas. El modelo queda reducido a lo esencial, y el dibujo se refuerza mediante la técnica del esgrafiado. Con el mango del pincel ha efectuado trazos lineales que recortan el perfil de las flores y añaden grafismos de mayor interés visual sobre la superficie aún fresca del óleo.

LA FUERZA DEL ESGRAFIADO

Este autor suizo se considera uno de los principales pintores del simbolismo centroeuropeo de finales del siglo XIX, determinado por una concepción del mundo personal dominada por los principios de simetría y ritmo. Después de una primera etapa paisajista poco inspirada, optó por una pintura cercana al Art nouveau, con formas planas, repetitivas y diseños rítmicos. En los últimos años de su vida, se convirtió en uno de los más innovadores muralistas de la época. Antes de su muerte, su obra evolucionó hacia una pincelada vigorosa y exaltada que anunciaba el desarrollo del Expresionismo.

3. Sobre la pintura fresca se practican algunos esgrafiados que representan tallos, y se añaden detalles en los pétalos de las flores. Es como dibujar por segunda vez.

2. Se cubre cada zona con pintura opaca, disponiendo una gama de pardos en el fondo, verdes luminosos en las hojas y rojos, carmines y naranjas cálidos en las flores. No importa si hay pequeñas calvas que dejan ver el blanco del soporte.

4. La combinación de manchas de colores, más o menos espesas, con los rasguños lineales provocados con la espátula metálica ofrece a la pintura un acabado muy interesante, con un perfecto equilibrio entre línea y mancha.

Plumilla, **caña y aguada**

La pluma, al igual que la caña, tiene una gran tradición como medio de representación dibujística. Ambas permiten poner en práctica una serie de técnicas propias del trabajo con tinta que exhiben su mejor versión cuando se combinan con aguadas de color. La aguada aporta al dibujo nuevas calidades luminosas y cromáticas, mientras que la línea que proporcionan estos instrumentos es la principal valedora de las texturas y los detalles precisos.

La pumilla metálica proporciona un trazo fino, delgado y de gran intensidad que permite resolver detalles y elementos muy menudos.

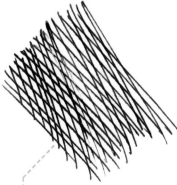

El sombreado con plumilla se consigue superponiendo o cruzando varias tramas de trazos.

En dibujos arquitectónicos la plumilla metálica ofrece la oportunidad de trabajar el detalle. Luego, la escena puede completarse coloreando con acuarela y guache.

El trazo fino de la plumilla

La plumilla ofrece uno de los trazos de dibujo más finos e intensos posibles. Puede ser tan simple como complejo, pues su uso va desde la línea sutil hasta el perfeccionamiento del dibujo hiperrealista. Con la plumilla pueden conseguirse distintos grosores en un mismo trazo, dependiendo de la flexión de su punta. El dibujo a tinta permite una gran elaboración del trazo, que se complementa a partir de la valoración realizada con aguada, aplicando tintas o acuarelas. Se logran efectos muy variados. Unas veces, se refuerzan las sombras, ya que el pincel añade detalles en las partes, y otras veces, se completa la línea con degradados de color y contrastes que transmiten sensación de corporeidad y volumen.

Dibujo a caña

La caña es un instrumento mucho más rudimentario que la plumilla metálica, pero muchos artistas lo aprecian por su trazo tosco y por la libertad que permite en trabajos abocetados. Según la forma de la punta, aguda o biselada, el trazo es más o menos grueso. El trazo de la punta de la caña es blando por excelencia, lejos del trazado duro de la pluma metálica, y permite alternar líneas intensas y gruesas con aquéllos más finos y gastados que recuerdan a los de un rotulador al que se le está terminando la tinta. Por lo tanto, alterna dos condicionantes básicas: la presión y la cantidad de tinta que es capaz de cargar.

Las tintas para dibujar con caña *pueden ser de varias calidades, pero para rebajarla o diluirla es importante utilizar siempre agua destilada, y evitar la cal y el cloro.*

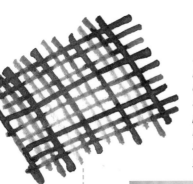

El trazo de la caña es más grueso. *La tinta utilizada puede diluirse con un poco de agua para rebajar su intensidad.*

La caña es mucho más tosca que la plumilla, *la intensidad del trazado es más irregular, aunque esto no constituye un defecto sino una de sus principales virtudes.*

Arquitectura histórica
con plumilla y acuarela

Es importante que el modelo presente un elemento arquitectónico destacado, con formas llamativas y, si es posible, estilizado. La arquitectura gótica coincide con estas características.

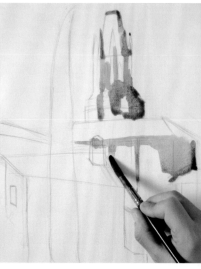

1. El boceto se realiza a lápiz. Se trata de proyectar la estructura de los edificios a partir de formas geométricas simples. No es necesario dibujar detalles.

2. Con una mezcla de azul ultramar y una punta de carmín se empiezan a pintar las zonas sombreadas de los edificios. Con las primeras aguadas los trazos de lápiz todavía son visibles.

Los dibujos arquitectónicos reclaman la máxima pericia del artista para juzgar la perspectiva y, en especial, su capacidad para crear texturas específicas y describir intensos contrastes de luz y de sombra. En muchos casos, el detalle y la floritura revalorizan el dibujo y lo convierten en un elemento fundamental en el conjunto de la obra. La simbiosis entre las aguadas con acuarela y la delicadeza de los trazos conseguidos con plumilla metálica y tintas son un claro ejemplo de ello. La variedad y precisión de líneas y marcas que pueden conseguirse con una pluma es ideal para los dibujos de detalle.

4. Se espera unos minutos hasta que se sequen los tonos azulados de las sombras y se cubren las fachadas más iluminadas con una mezcla de carmín y ocre muy aguados.

5. La acuarela se ha aplicado muy aguada, permitiendo suaves fusiones entre un color y otro para evitar contrastes fuertes. El azul del cielo se pinta cuando el papel está seco para que no invada el espacio que ocupan los edificios.

3. Las zonas más iluminadas, de momento, no se pintan. Sólo hay que preocuparse de representar las sombras que proyectan los edificios.

6. Antes de empezar a trabajar con la plumilla se pinta la vegetación del primer término con verde vejiga y amarillo de cadmio. Estas aguadas deben ser más contrastadas que las anteriores.

8. Los detalles arquitectónicos, tanto los decorativos como los funcionales, pueden ser tan excitantes de dibujar como los propios edificios. Las líneas todavía visibles del lápiz marcan la pauta para avanzar con el entintado.

7. Una vez que el papel está perfectamente seco, el artista empieza a dibujar el campanario con líneas constructivas muy finas de tinta violeta oscura, las cuales proporcionan una base sobre la cual incorporar después los intrincados detalles arquitectónicos.

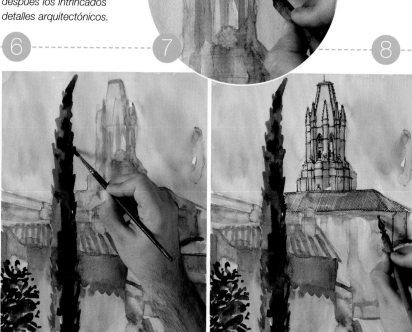

9. Los tejados más cercanos requieren algo más de detalle. La línea realizada con la plumilla debe ser más gruesa e insistente. Si es necesario, se pasa dos veces por encima del mismo trazo.

10. *Las ventanas y los portales también proporcionan un interesante material para el artista, ya que puede utilizarse como recurso de composición y para rellenar los espacios vacíos, pero no conviene abusar de ellos.*

Pasteles grasos y **barras al óleo**

Se engloban con esta denominación todas las barras de color que tienen como aglutinantes las ceras y los aceites. Resultan muy adecuadas para los trabajos que requieren un trazo de gran viveza cromática. Su empleo es muy cómodo en obras que piden un tratamiento cursivo y abocetado. Tanto los trazos de los pasteles grasos como el de las barras al óleo (mucho más intensos y cremosos que los anteriores) se pueden trabajar con pincel y diluir con disolvente como si se tratara de pintura convencional.

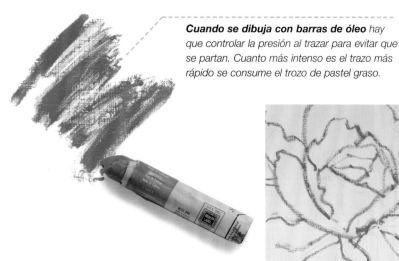

Cuando se dibuja con barras de óleo hay que controlar la presión al trazar para evitar que se partan. Cuanto más intenso es el trazo más rápido se consume el trozo de pastel graso.

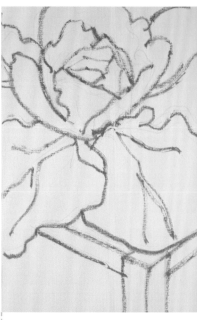

Con la barra de óleo puede realizarse el dibujo preliminar de cualquier modelo para óleo. El trazo es desgarrado pero seguro.

Se pinta una hortaliza previamente dibujada con un rojo intenso. La intención es conseguir un contrapunto con la dinámica de verdes con los que se va a trabajar.

Los pasteles grasos o ceras

Son barras que contienen una combinación de colores puros con grasa, aceite y cera. Al tener un aglutinante de consistencia grasa, las barritas de color son blandas, su trazo es más resistente y se agarra bien en todas las superficies. Los colores no se funden bien con los dedos, sino con un pincel cargado con esencia de trementina que acerca este medio a la pintura al óleo. Esta particularidad hace que los pasteles grasos puedan utilizarse tanto para dibujar como para pintar. El tremendo potencial de color de los pasteles grasos prevalece por encima de sus limitaciones.

Barras al óleo

En cierto modo, se trata de pintura al óleo pero en barra. Permiten trabajar las formas desde el trazo, desde la estructura lineal. Al frotar las barras sobre la tela, el color se fluidifica un poco y permite una cómoda aplicación aportando un trazo intenso y rasgado. La gran cantidad de aglutinante graso que poseen evita el agrietado de los colores. Al pasar un pincel cargado de aguarrás por encima se diluye y rebaja la intensidad del trazo. Pueden utilizarse antes de dibujar al óleo o bien incorporarse más tarde, efectuando gruesos trazos con la barra sobre la superficie aún fresca de pintura.

Se pinta con óleo cada espacio en blanco, procurando no insistir demasiado con el pincel sobre el trazo, pues es muy cremoso y tiende a diluirse con facilidad.

Se terminan de extender los diferentes tonos de verde y se pintan la mesa y el fondo. La combinación de los trazos de la barra, las manchas abocetadas de verde y los espacios en blanco del soporte dan al conjunto una interpretación muy viva y expresiva.

EL TEMA

Pastel y guache: una simbiosis perfecta

La posibilidad de combinar los trazos secos del pastel con la pintura húmeda puede dar lugar a resultados plásticos que constituyen una de las combinaciones cromáticas más agradecidas que existen. Los trazos de pastel facilitan el dibujo preliminar, afianzan las formas de la tarea, delimitan los espacios que deben ocupar las zonas de un color y las de otro. Luego, el guache rellena los espacios y se funde con los trazos del pastel al tratarse de dos medios compatibles.

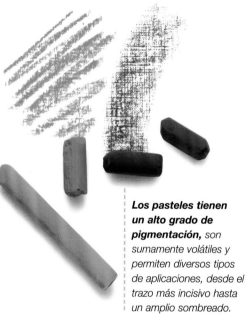

Los pasteles tienen un alto grado de pigmentación, son sumamente volátiles y permiten diversos tipos de aplicaciones, desde el trazo más incisivo hasta un amplio sombreado.

Cuando se pinta con guache no se trata de cubrir por completo el dibujo subyacente realizado con pastel. Hay que encontrar un justo equilibrio entre ambos, combinando la presencia de tramas de trazos con amplias manchas de color.

Se dibuja primero la perspectiva de este pasaje porticado con carboncillo y barras de pastel de vivos colores. Se fija el dibujo con un aerosol y se pinta con guache.

Aliado del pastel

El guache puede convertirse en un gran aliado del pintor al que le gusta dibujar con carboncillo y pastel sobre cartones o papeles rígidos de color. Se emplea de manera muy semejante a la acuarela, con la diferencia que los colores son más opacos y saturados, de modo que combina muy bien con los trazos animados y brillantes que proporciona el pastel seco. Lo mejor es empezar realizando el dibujo con carboncillo y un par o tres de barras de pastel. El trazo puede ser variado y ofrecer diferentes grados de presión, sin embargo, debe evitarse cualquier intención de sombreado, pues una superficie saturada de pigmento o polvillo de pastel dificulta la aplicación posterior del guache.

Un dibujo preciso

El óleo y los acrílicos permiten un dibujo inicial muy suelto y poco certero; esto es debido a que, generalmente, la pintura termina por cubrirlo casi por completo. Es importante realizar con pasteles un dibujo bien marcado, un punto de partida sobre el cual edificar la estructura de las manchas.

El guache requiere un dibujo algo más preciso. Esta necesidad se debe a que los colores se aplican por zonas, evitando pisar demasiado los trazos efectuados con pastel. Las manchas de pintura tratan, de completar la información que aporta el dibujo a pastel con colores más o menos planos. La pintura se estanca en el espacio vacío que dejan las líneas.

Una vez la pintura está seca, pueden realizarse nuevas intervenciones con pastel para subrayar perfiles o dar mayor protagonismo a la fuerza del trazo.

Vincent van Gogh
(1853-1890)

Desde la dramatización de las escenas de sus primeros trabajos, a la simplificación que caracterizó sus últimas obras, Van Gogh anuncia el comienzo del Expresionismo.

Paisaje con un puente sobre el río Oise, *1890.*
La técnica de Van Gogh promulgaba la exageración de las líneas que configuraban el dibujo inicial. Lo perfilaba con trazos gruesos de color azul para reforzar la forma y para que, combinado con los colores, sugiriera mejor la expresión de los sentimientos y las emociones. Luego, en lugar de reproducir con exactitud el modelo real rellenaba con pinceladas cortas cargadas de pintura los espacios interiores del dibujo, para expresar así con más fuerza. Esto lo conseguía aplicando una pincelada algo agitada, con un movimiento rítmico que se repetía por toda la superficie del cuadro.

EL COMIENZ

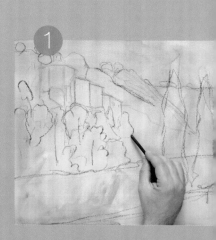

1. *Se tiñe el fondo del soporte con ocre muy aguado. Es preferible utilizar acrílico para que se seque más rápido. Sobre seco se realiza el dibujo preliminar con una barra de carboncillo.*

2. *Con pintura al óleo muy aguarrasada se repasa el dibujo anterior, de manera que todo queda configurado con una línea gruesa e intensa de azul titán. Ésta será la base de la pintura y no desaparecerá con el pintado.*

3. *Se pinta cada zona con colores más compactos, evitando cubrir los trazos anteriores y permitiendo que el fondo ocre transpire por toda la superficie.*

Es considerado uno de los grandes maestros de la pintura y precursor de la pintura del siglo xx, especialmente entre los expresionistas y los fauvistas. Su obra se caracterizó por el uso del color y por la simbiosis entre la línea y la mancha, así como por la incorporación de un trazado intenso.

Van Gogh fue un gran y prolífico dibujante. Consideró el dibujo una parte íntegra de la pintura, y sus últimas obras realizadas en Auvers-sur-Oise no dejan dudas al respecto. Es extraño encontrar entre sus contemporáneos un volumen de dibujos que iguale los suyos en número y calidad.

EL EXPRESIONISMO

4. En la obra terminada, se produce una interesante simbiosis entre el trazado del dibujo inicial y la aportación de colores con cortas pinceladas que dan una apariencia agitada y dinámica a la escena.

*Los dibujos no deberían considerarse el resultado de una actividad artística,
separados de la estructura del cuadro, bien sea efectuado con óleo, acrílico,
acuarela o guache, sino objetos íntimamente relacionados con las obras realizadas,
porque a menudo son testimonio de las partes del proceso creativo completo
que rara vez o nunca se pueden exteriorizar de otra manera.*